시율시선집 1

우주의 시간

큐아르 코드 영상 시
2021년 11월 1일 조계사 유자효 조철규 이명 합장

시울시선집 1

우주의 시간

유자효 조철규 이명 시집

시울

추천의 말

불교신문 신춘문예 출신 시인들이 시집을 낸다는 소식에 기쁜 마음 금할 길 없습니다. 불교신문은 미디어 환경이 열악했을 때인 1960년에 창간한 한국 불교를 대표하는 포교 종합지입니다. '한 사람의 불교신문 한 사람의 포교사'라는 모토로 63년 동안 오직 한 길로 정법의 불교를 세상에 널리 알리는데 정진해 왔습니다.

그 일환으로 1960년대 중반부터는 신춘문예(당시는 학예 현상 모집)를 통해 불교 문학의 산실 역할을 해왔습니다. 2022년 벽두에 서 있는 지금, 불교신문 신춘문예를 대표하는 분들이 시집을 낸다니 이 또한 역사적인 일입니다.

이번 시집 출간에 동참한 유자효, 조철규, 이명 세 분은 불교신문 신춘문예 출신 시인이자 시조시인으로 한국 문학을 이끌어 가는 대들보임이 틀림없습니다. 저마다 주옥같은 시편들은 우리 국민들의 가슴을 적셔주는 시의 사리로 승화되어 영롱하게 빛을 발하고 있습니다. 한 편의 시를 창작하기 위해 지난한 사색과 고독, 처절함이 투영되는지는 문학을 하는 분들은 충분히 인식하고 있는 것으로 압니다. 이번에 발간되는 시집이 온 국민의 가슴을 적셔주는 영혼의 단비가 되기를 바라며 많은 독자들에게 읽히기를 기원합니다.

나무 문학 마하살!

— 대몽大夢 현법玄法 (불교신문 사장) 합장

기획의 말

시를 통해 불교를 이야기하는 책은 많았겠지만 불교신문 신춘문예 출신이란 특성을 살려 기획 시선으로 출간해 보고자 하는 의도는 도서출판 시율이 처음이라고 생각한다. 따라서 자긍심도 있다.

불교신문 신춘문예가 1964년 시작된 이래 올해로 36회째 그동안 많은 당선자들이 배출되었다. 당선 후 거의가 문학이란 그릇에 담겨 시인의 길을 가고 있다. 연락 닿은 세 시인에게 기획 시선 취지를 설명했고 이해를 구했다. 다행히 종교와 사상, 철학이 닮은 시인들이었지만 하나하나의 단어를 선택해서 한 올씩 시를 직조하는 작업은 결코 쉽지 않았을 것이다.

이 책의 제목《우주의 시간》에 담겨 있듯이 이 세상에 존재하는 만물은 그마다 하나의 시간과 의미를 가진다. 1960년대 중반부터 불교신문 신춘문예(당시는 학예 현상 모집)를 통해 불교문학의 산실 역할을 해온 유자효, 조철규, 이명 시인은 불교의 교법을 시로 표현해 놓았다.

독자가 얼마나 공감할 수 있을지의 궁금함은 기대감으로 바라보려 한다. 모쪼록 이 책의 독자들에게는 불교 색채가 담긴 시의 의미를 곱씹으면서 사색하는 계기가 되었으면 하는 바람이다.

끝으로 이 책을 출간할 수 있게 승낙하신 불교신문사 측에 지면을 빌어 감사드린다.

―2022년 봄 시율

우주의 시간

추천의 말
기획의 말

유자효

산사 15
진심 1 18
진심 2 19
진심 3 20
딱 하루 21
요즈음 1 22
요즈음 2 23
넘어지다 24
나무 25
귀가 歸家 26
측량 27
갈 길이 바빠졌다 28
헌신 29
포옹 30
우주의 시간 31
떠날 줄 알게 하소서 32

이 가을에 우리는　34
할아버지의 시계　36
아침 송頌　37
세한도歲寒圖　38
은하계 통신　40
개　42
성스러운 뼈　44
타밀 반군에게　45

조철규

무미지담無味之談　51
천축天竺 나라 가는 길　54
선정삼매禪靜三昧　55
탑塔　56
산　57
걸어오는 백두대간白頭大幹　58
산길　61
히말라야 일기日記 1　64
히말라야 일기日記 2　65
안개가 걷히고 나면　67
지난봄의 일　69
고려청자高麗靑瓷　71

불암산佛巖山　72

개나리　73

아득한 세계를 간다　74

소요유 시편逍遙遊詩篇　76

윤회輪廻　77

약수암藥水庵　79

풍류방風流房　81

축제祝祭　82

세 시인詩人　83

독존獨存은 침묵沈默이다　84

일상日常의 침묵　86

귀향歸鄉　88

이명

유마행維摩行　91

분천동 본가입납本家入納　92

추사가 올라온 저녁　94

기사문 아쉬람　95

동해 바다　96

민달팽이 달생達生　97

묵언, 아기 진딧물　99

죽도암　101

다기 일가　102
마찬가지　103
석잠풀　105
숨겨진 우주　106
배를 기다리며　107
내가 본 울어　108
숙명　110
고욤　111
궁구당 산조　112
감전　114
기사문 엽서　115
텃골에 와서　117
마늘　119
갈치　121
초병哨兵에게　123
앵무새 학당　124

유자효

yoojahyo@hanmail.net
1968년 대한불교신문(불교신문 전신) 신춘문예 시조 당선

산사

1
댕그렁
풍경소리
포르르
나는 산새

뺨이 붉어
서러워라
거니는
두어 니승 尼僧

이다지
고운 촉루 髑髏 야
바람마저
울어라

2

아미타불
관음보살
문수보살
약사여래

은밀히
파문하는
목어 소리
목어 소리

합장한
가여운 중생
염원마저
번뇌일레

3
대나무
두드리자
가부좌한
승려들

퇴락한
붉은 현판
상산암 常山庵
내원선원 來願禪院

서장 西藏은
하 멀은 여로
제행무상
제법무아

— 1968년 대한불교신문(불교신문 전신) 신춘문예 시조 당선작

진심 1

붓다는 나무 아래 살았다
걸식을 해서 먹었다
버린 천으로 옷을 해서 입었다
몸이 아프면 소의 오줌을 끓인 물로 달랬다
왕자님으로 태어난 그가 그리하였다
오늘 우리가 그렇게 살 수 있다면
그때의 마음으로 돌아갈 수 있다면

진심 2

진심으로 사과나무는 사과를 맺고
진심으로 원숭이는 새끼를 거두고
진심으로 달은 지구를 돌고
진심으로 지구는 태양을 돈다
우주를 지키는 진심의 힘

진심 3

늘 잊고 있던
사소함들에 가려져 있던
벼랑 끝에 서야만
비로소 보이는
정작 소중한
한 방울 눈물
빛

딱 하루

폭풍설이 몰아쳤다
이 겨울
귀한 눈이 오시니
아무 걱정이 없는
죽기 좋은 날

요즈음 1

석굴암 부처님께 물어봐도 답이 없었다
울산바위는 오늘도 위태롭게 서 있을 뿐
옛날과 달리
나타나지도 않으시는 하느님에게
사람들은 열심히 기도를 했다
영험도 없었다
세상은 사람들끼리
고민하며
싸우며
태종대 파도처럼
부서져 갔다

요즈음 2

　삶의 터전이 무너진 상인들은 매일같이 닦던 의자며 탁자들을 때려 부숴 내다 버렸다
　집세를 못 낸 사람들은 길거리로 내몰렸다
　정치형 시위는 줄고
　생계형 시위는 늘고
　고통의 공포
　죽음은 늘 곁에 있었다

　코로나19 환자에게
　수감자에게
　노숙인에게
　노동자에게
　시위대에게

　숨쉬기가 무서운 세상

넘어지다

아들과 함께 장을 본 할머니
장바구니를 든 아들을 따라 길을 건너다가
보도턱에 걸려 나둥그러졌다
"엄마"
아들의 비명이 울려 퍼지는 순간

외손자를 앞세우고 외출에 나선 외할머니
문득 허망하게 길바닥에 무너진 채 허우적이던
절망에 가득 찬 표정

50년 뒤 지금은
외손자의 다리가
가끔 아프다

나무

나무가 잘 늙으면
좋은 고목이 된다
마을을 지키기도 하고
그늘을 드리워주기도 한다
좋은 재목이 되기도 한다
대목의 손에 다듬어져
집이 되어 생명을 지키는 나무
아무리 잘못 늙어도
나무는 도끼질 아래 장작으로 패어져
방을 따뜻하게 하는
아궁이 불길 속에 지펴지기도 한다
버릴 게 없다
나무는
마치 잘 늙은 사람이
버릴 게 없듯

귀가 歸家

아침에 집을 나서 저녁에 돌아가는 것은 결코
예사로운 일이 아니다
   그사이에 도사리고 있는 무수한 위험들
   그것을 용케 피하고 피해 집에 도착하는 것이다
   그것은 무수한 행운
   행운과 행운이 겹쳐
   오늘에 이른 것이다
   기적과 기적이 겹쳐
   하나의 귀가를 완성하는 것이다
   부부와 자식이 만나는 것이다

측량

잴 수 있는 정의는 정의가 아니다
잴 수 있는 사랑은 사랑이 아니다
잴 수 있는 희생은 희생이 아니다
세상의 지극한 것들은
잴 수 없는 거리에 있다

갈 길이 바빠졌다

코로나가 돌자
부음이 잦아졌다
선배들이 떠나시더니
친구도 서둘러 길을 나선다
전에는 부름을 받고 찾아가 작별 인사를 한 적도 있는데
이제는 전화로 작별 인사를 하는 일도 생겼다
가는 일이 바빠졌다
갈 길이 짧아졌다

헌신

최상의 맛을 만들어 동물에게 먹혀 씨를 퍼뜨리는 나무
불에 타야 비로소 씨가 터지는 숲
젖을 빨리고 품어 새끼를 키우는 어미
먹지도 않고 알을 지키다 부화하면 죽어 새끼에게 먹히는 수컷 가시고기
교미한 암컷에게 먹히어 새끼의 영양이 되는 거미, 사마귀
생명을 이어오게 한 극단의 힘

포옹

남극 황제펭귄이 영하 수십 도의 폭풍설을 견디는 것은 포옹의 힘이다
그들은 겹겹이 에워싼다
수백 수천의 무리가 하나의 덩어리로 끌어안고 뭉친다
천천히 끊임없이 회전하며 골고루 포옹의 중심에 들어가도록 한다
그 중심은 열기로 더울 정도라고 한다
남극 황제펭귄의 포옹은
영하 수십 도를 영상 수십 도로 끌어 올린다

우주의 시간

달이 밝은 밤이면 바다거북 암컷들은 해변으로 올라와 뒷발로 모래를 파서 구덩이에 알을 낳는다
어미가 해주는 일은 뒷발로 알에 모래를 덮어주는 것뿐이다
어미는 다시 바다로 가고 알에서 깨어난 바다거북 새끼는 모래를 비집고 나와 본능의 부름에 따라 바다로 간다
그 시간을 기다리던 갈매기며 바닷게들에게는 성찬의 시간
이렇게 태어난 바다거북 새끼 천 마리 가운데 고작 한 마리가 성체로 자라난다고 한다
우직해 보이는 이 방법으로 바다거북은 1억 년을 대를 이어가고 있다고 한다

떠날 줄 알게 하소서

잃을 줄 알게 하소서
가짐보다도
더 소중한 것이
잃음인 것을
이 가을
뚝 뚝 지는
낙과落果의 지혜로
은혜로이
베푸소서
떠날 줄 알게 하소서
머무름보다
더 빛나는 것이
떠남인 것을
이 저문 들녘
철새들이 남겨둔
보금자리가
약속의

훈장이 되게 하소서

이 가을에 우리는

무수히 흔들리는 손길들
떠남으로써 얻는
이 풍요한 결실의 의미

살을 비비며
살을 비비며
살아 있다는 것을
휘파람처럼 속삭여주는
저온低溫의 축복

우리가 진정 행복하다는 것은
조금은 쓸쓸한 것임을
조금은 그리운 것임을
그러나
다치지 않고
그러나
상하지 않아야 하는 것임을

노을빛이 태어나는 고장에서
홀연히 다가와
비명처럼 일깨워주고 떠나는
이 가을에 우리는

할아버지의 시계

할아버지의 시계는 늦은 가을이다
낮은 소리로 일정한 속도로 간다
이끼 낀 돌담을 울리는 소리
깊고 잔잔한 그 소리는
이슬에 되어 돌에 스민다
할아버지의 시계는 저녁 어스름이다
잠들 시간이 멀지 않아서
온화하고 사랑이 많다
그 소리는 깊이 울려서
벽난로에 잠시 머물다 쓸쓸하게 돌아선다
하루가 끝나는 고요와 평화로움
호롱불에 펄럭이다 사라지는 그 그림자에서
보았느냐
천사와 같은 아기의 모습
늦은 가을 저녁 어스름
할아버지의 시계는
연약하고 순수한 은빛으로 가고 있다

아침 송(頌)

자작나무 잎은 푸른 숨을 내뿜으며
달리는 마차를 휘감는다
보라
젊음은 넘쳐나는 생명으로 용솟음치고
오솔길은 긴 미래를 향하여 굽어 있다
아무도 모른다
그 길이 어디로 향하고 있는지를…
길의 끝은 안갯속으로 사라지고
여행에서 돌아온 자는 아직 없다
두려워 말라
젊은이여
그 길은 너의 것이다
비 온 뒤의 풋풋한 숲 속에서
새들은 미지의 울음을 울고
은빛 순수함으로 달리는
이 아침은 아름답다

세한도 歲寒圖

뼈가 시리다

넋도 벗어나지 못하는

고도의 위리안치 圍籬安置

찾는 사람 없으니

고여 있고

흐르지 않는

절대 고독의 시간

원수 같은 사람이 그립다

누굴 미워라도 해야 살겠다

무얼 찾아냈는지

까마귀 한 쌍이 진종일 울어

금부도사 행차가 당도할지 모르겠다

삶은 어차피

한바탕 꿈이라고 치부해도

귓가에 스치는 금관조복의 쓸림 소리

아내의 보드라운 살결 냄새

아이들의 자지러진 울음소리가

끝내 잊히지 않는 지독한 형벌
무슨 겨울이 눈도 없는가
내일 없는 적소에
무릎 꿇고 앉으니
아직도 버리지 못했구나
질긴 목숨의 끈
소나무는 추위에 더욱 푸르니
붓을 들어 허망한 꿈을 그린다

은하계 통신

저 세상에서 신호가 왔다
무수한 전파에 섞여 간헐적으로 이어져 오는 단속음은
분명 이 세상의 것은 아니었다
그 뜻은 알 수 없으나
까마득히 먼 어느 별에서 보내온
자신의 존재를 알리는 신호였다
더욱이 이 세상에서 신호를 받고 있을 시각에
신호를 보내는 저 세상의 존재는 이미 없다
그 신호는 몇백 년 전, 몇천 년 전에 보낸 것이기 때문이다
결코 만날 수 없는
아득한 거리와 시간을 향하여 보내는 신호
살아 있는 존재는 어딘가를 향하여 신호를 보낸다
끊임없이 자신을 알리고자 한다
그 신호가 영원을 향하고 있을 때
우리는 그것을 신이 보낸 신호라고 믿는다

신이 살지 않는 땅에서 받는

신들의 간절한 신호

오늘도 저 세상의 주민들은 신호를 보낸다

몇백 년 뒤, 몇천 년 뒤

결코 갈 수 없는 세상의 주민들에게…

개

　의정부에서 열린 전국시낭송경연대회 경기도 예선
　눈먼 여인이 누런 개의 인도를 받으며 건물로
들어섰다
　대회장의 밖에 개는 공손하게 앉았다
　여인은 화장실로 가서 짊어지고 온 가방을 풀어
한복으로 갈아입었다
　여인의 차례는 마지막이었다
　몇 번을 맨발로 연습한 대회장 바닥의 감각을
맨발로 확인하며 단상에 올랐다
　아무도 그녀가 눈이 먼 줄 몰랐다
　여인은 창과 함께 시를 낭송했다
　낭송은 다소 서툴렀지만 절절한 한 같은 것이 묻어
있었다
　여인의 차례가 끝나고 화장실에서 옷을 갈아입는
동안
　개는 눈을 끔벅이며 구석에 묵묵히 엎드려 있었다
　누가 바라보면 개도 그를 물끄러미 바라보았다

어진 눈

어진 눈이었다

아무런 소리도 내지 않았다

마치 어느 착한 사람이 개의 형상을 하고 구석에
웅크리고 있는 듯했다

여인은 장려상을 타고

개는 다시 여인을 인도해 건널목을 건넜다

아무도 그 개의 소리를 듣지 못했다

묵묵히 엎드려 있던 누런 등과

천천히 끔벅이던 어진 눈

이름 없는 무수한 성자 중의 하나가

개가 되어 여인을 인도하고 있었다

저 흔한 우리 누렁이 중의 하나가 되어

성스러운 뼈

불에도 타지 않았다
돌로 찧어도 깨어지지 않았다
고운 뼈 하나를 발라내어
구멍을 뚫었다
입에 대고 보니 미묘한 소리가 났다
그 소리는
번뇌를 달래는 힘이 있었다
사랑을 복돋워 주진 못하지만
고통을 어루만지는 부드러운 힘
오직 사람의 뼈이어야만 했다
평생을 괴로워하면서 살아
그 괴로움이 뭉치고 뭉쳐
단단하고 단단하게 굳어진 것이어야만 했다
그 어떤 불로도 태우지 못하고
그 어떤 돌로도 깨지 못하는
견고한 피리 하나가 되기 위해선

타밀 반군에게

20여 년 전 콜롬보에서
코브라를 목에 감고 나를 쫓아다니던 너는
이제 30대 청년이 됐다
그동안 네가 어떤 삶을 살았는지 나는 모른다
단지 26년 동안의 스리랑카 내전이 끝났다는 것
타밀 반군의 우두머리가 주검으로 발견됐다는
외신과 함께
어른이 된 너를 연상시키는 반군 포로의 사진을 보고
여섯 살짜리 새까만 아이를 떠올렸을 뿐이다
그때의 너나 사진 속의 청년이나
살아 있는 것은 초롱한 눈뿐이었다
너는 타밀의 독립을 원했었겠지
지긋지긋한 가난이 싫었었겠지
그래서 어느 날 반군이 되어 총을 들고 나섰었겠지
그러나 긴 내전은 살육과 보복으로 점철됐었고
신비롭던 인도양 부처님의 섬은
처참한 비극들이 난무하는

아비지옥으로 돌변했었다

정치란 그런 것이다

힘에 의한 개조를 꿈꾸는 그 순간부터

피는 필연적인 것이다

얼마나 많은 혁명들이

좌절과 비탄과 원한 속에

거꾸러져 갔던 것인가

네가 구하고자 했던 타밀 민중은

고통의 긴 세월을 방황하다가

이제는 더 무서운 질곡 속으로 빠져드는 것은 아닌 것인가

종전과 평화의 함성이 난무할

축제의 콜롬보에서

혁명의 죽음을 본다

슬퍼하지 마라

타밀 청년이여

너희들이 꿈꾸던 세상은

인류사에 무수히 명멸했던
환상의 하나였을 뿐이다
승자들에 의해 역사는 이어져 왔다는 것을
절대로 절대로 원망하지 마라
그리고 그 어떤 힘의 승리도 끝내 영원한 것은
없었다는 것이
그래도 너를 위무하리라
사그라진 혁명의 꿈
타밀 청년아

조
철
규

ccgo50@daum.net
1980년 대한불교신문(불교신문 전신) 신춘문예 시조 당선

무미지담 無味之談

결제 結制

노악산 구담 스님께 객 문안을 드렸더니
반만 벌린 입술 사이 덧니 하나 보이시고
운하정 뒤뜰을 돌아 올라오라 하시더라

입정 入定

동지 불공이 끝나자 절간이 꽁꽁 얼어붙었다
부처님은 법당 문을 안으로 잠그시고
염화실 조실 스님의 간간한 기침소리

무례 無禮

진눈깨비 오다 말다 지난달 초이렛날
황악산 직지사를 찾아 합장하여 삼배 올리고
차마 그 대불 앞에는 촛불도 켜지 못하고 왔다

방선 放禪

점심 공양을 하고 퇴설당 뜰로 가니

콩밭에 내려와 앉았던 산비둘기 한 마리가
잡힐 듯 잡힐 듯 하기에 한참 동안 같이 놀았다

공덕 功德

달 같은 동불을 업고 동지 불공 온 저 우바새
한 종지 참기름과 창호지 심지도 곱지만
풀어 논 무명 보자기 그 백진이 너무 희다

세월 歲月

인사동 골목을 지나다 얼핏 본 한 점 연적
노스님 방, 주렴 밖으로 내다본 날빛이더니
손길이 가 닿을 때마다 고운 때만 묻더라

도 道

내 나이 일곱 살 때 그 아프던 들찔레 가시
오늘 산에 오르다 옷섶에 다시 찔리니
아픈 건 가시 아니라 걸어가는 길이었다

화두 話頭

아침 예불을 하고 산책길 나섰더니
어제 삭발을 한 노행자가 따라오면서
부처가 뭐냐 묻기에 걸음 멈춰 돌아섰다

해제 解制

절은 청산에 짓되 주춧돌은 비스듬히 놓자
범종은 달아만 놓고 아무도 울리지 말자
만첩 골 깊어만가는 여명 먼 울림을 듣자

— 1980년 대한불교신문(불교신문 전신) 신춘문예 시조 당선작

천축天竺나라 가는 길

어느새 난 밀교密敎바람 바람 되어 나왔구나
혜초를 따라가다 깜빡 고삐 놓아버려
결국은 떠돌이 바람, 어디론지 가는 도중

먼데 산 이마 같은 잔잔한 그 봇물에는
구름 둥둥 넋으로 뜨고 걸친 옷자락으로 날려
가슴 안 깊은 쇠북도 소리 내어 우누나

물 울고 바람 울고 젓대 속속 우는 것뿐
저 하늘 저물녘에 별과 눈빛 맞바꿀 뿐
두고 온 계림鷄林 생각도 아주 버려졌어라

이제 가야만 하는 길만이 남은 전부
언젠 간 그도 끝날 길이지만 밟고 가며
참, 사람 질긴 인연이 잡초처럼 얽혀 있다

선정삼매 禪靜三昧

늙은 산이 곁에 와 너부죽이 누워 있고
희죽희죽 웃으면서 지나가는 바람 떼들
방주房主는 꺼버린 촛불 방안엔 아무도 없고

속에 그리움이 돋아 누가 짜르고 깍는구나
별빛과 별빛이 만나 다른 별이 태어나고
그처럼 귀도 태어나 다문多聞들이 와닿는다

솔 소리 갈잎 소리 그사이 구름 가는 소리
멀리 더 멀리에는 별빛이 지는 소리
울려도 들리지 않는 소리 내 속 깊이 감돌고

탑 塔

탑은 애당초에 타 흐르는 촛불이었다
햇살 중에서도 깁실 햇살 골라내어
연초록 불에다 부비며 잔뿌리를 내렸었다

청산이 둘러앉아 연꽃처럼 피는 날은
밝은 해 둥근 보주寶珠를 이마로 조이 받고
뻐꾸기 울음소리에 둥둥 뜨는 등이었다

햇살도 강물도 가고 낙엽마저 나가고
뻐꾸기 울음소리도 산 너머로 떠나간 날
눈감고 책장도 덮은 저문 밤의 경전經典이었다

산

산들이 모양 없이 제멋대로 앉아 있고
본래가 길이 없는 산속을 가는 중에
바람이 길 가다 말고 나를 불러 세웠다

낮은 곳을 향하여 물이 절로 흐르고
본래가 숲이 없는 산속을 오는 중에
새들이 우짖다 말고 산을 박차 올랐다

이제 산도 바다 닮아 수려하게 펼쳐 있고
바람이 산등을 감아 파도가 휘어 치니
아득한 절간 서너 채 배가 되어 떠간다

걸어오는 백두대간 白頭大幹
— 우리나라 사계 四季

뚜벅뚜벅뚜벅…
백두에서 한라까지
걸어오는 소리는
꽃잎이 흩어져 내리는 나무 아래서도
들을 수 있다

이 아침
맑고 파릇파릇한 산길을 헤치고
맑은 얼굴을 하고 오는 걸음이 있다
잎보다 먼저 찾아온 꽃과 향기로
가는 비를 뿌리며 찾아오는 산들이 있다

짙푸르게 휘감은 산길을 따라
천둥과 번개를 치고 오는 소낙비 속에서도
안개는 온통 산을 씻어내느라
온몸을 부끄럽게 가리고 있다

단장을 마친 산들이 산길을 따라
볕살이 쏟아지는 계곡에서
피어오르는 구름이 산등을 오르고 있다
산등에서 내려와 또 계곡 깊숙이
앉아 있는 산들이
화려한 옷을 입고 일어나
뚜벅뚜벅 걸어오는 산들이 있다

어느새
새하얀 옷으로 소복을 하고
정갈한 산들이 기도를 하면
우리 아버지의 아버지가
우리 어머니의 어머니가
오고 있는 산들이 있다

가슴께로 손을 모아 주위를 살펴
나는 지금 어디쯤 가고 있느냐

내가 찍은 발자국을 되돌아본다

뽀드득뽀드득뽀드득…
백두에서 한라까지
가고 오는 소리는
바람이 지나가는 나뭇가지에서도
들을 수 있다

산길
— 산은 그렇게 오는 길이다

저기 길이 있다
길은 오기도 하고 가기도 하여
하고 있는 이야기 산이 되어 있다

산은 수없이 솟아나
깨트린 울음, 벌어진 웃음이
끝없이 있다

삼삼오오 둘러앉아서
서로 하는 이야기
길이 되어 있다

길은 아무리 캄캄하여도
청아하게 흐르는 산빛이 있다
숲으로 내려앉은 별빛이 있다
전설이 쉬고 있는 계곡이 있다

산은 무색 바람만 맞아
안개가 흐르는 산등을 감아 안고
고향집 뒷산 어미 품 같은
아늑한 마을, 여울이 있다

이렇듯 어두운 밤이 되어도
넉넉하게 자리 잡은 산 주위로
너도 나도 등을 달아 불을 밝히고
서로가 별이 되는 잔치가 있다
무변하여 흐르는 은하가 있다

그래서 '응애' 하고 오는 것이다
그렇게 별세계로 오는 것이다
산은 그렇게 오는 길이다

자연은 철 따라 옷 갈아입고
길이 되어 가는 구비 돌다 보면

산의 높낮이 절로 깨닫고
하늘은 탁 트여 장천 구만리長天九萬里

아하! 하고 가는 것이다
그렇게 별세계로 가는 것이다
길은 그렇게 가는 산이다

히말라야 일기 日記 1

지금까지 지나온 고희古稀의 길에
적막寂寞한 바람이 나를 반겼다
온통 하얀 산은 경계가 없어
활짝 열린 하늘로 마음 비우고
가야 할 산들을 올려다봤다

방한모와 방한복에 산을 덧대고
설상화와 스틱에 길을 붙이고
오르고, 오르고 또 오르고
야크처럼 콧김을 푹푹 내쉬며
설산을 쑥쑥 밟고 자꾸 올랐다

설등 저쪽 너머 천장天仗의 친구야!
"나마스떼 비스따리 담레밧"
"나마스떼 비스따리 담레밧"
〈무사히 천천히 감사해요〉
세상은 온통 서러운 환희.

히말라야 일기 日記 2

히말라야는 지금 흰 빛깔의
진주빛 옷을 입은 혼주魂主와
돌탑에 걸린 오색의 영혼들이 어울려
신나는 굿판을 벌이고 있다
별빛들도 계곡으로 무리 지어 내려와
무한 천공無限天空에다
설벽雪壁으로 이루어진 장막을 쳤다

하늘이 갑자기 얼굴을 가리고
바람을 앞세워 질투를 한다
불어오는 강풍에 맞서
때리는 눈보라에
고개를 가누기조차 힘들다
바람에 몸을 비껴 모로 섰다가
마침내 온몸을 틀고 버텼다

내가 먼저 앞서 치고 나아가는데

산이 내 어깨를 툭 치더니
나를 산 쪽으로 슬쩍 끌어당겼다
뭣 해! 이쪽으로 오지 않고서
고개를 돌려서 그쪽을 보니
나를 둘러싼 히말라야가
일제히 손을 뻗어 잡아주었다

안개가 걷히고 나면

솔가지를 지나가다 만난 인연들이
솔잎에 맺힌 이슬방울로
바위 턱에 떨어지면
이끼가 푸릇푸릇 돋아나고
숲들이 피워내는 향기로운 풀기가
흙밭에 떨어지면 흙내로 있는데
내 몸을 받쳐 앉은 바위 턱은
무엇으로 여기에 되돌려 놓나

경계 없이 쓸어안는 이 산과 저 산
가벼운 자유로 서로 보듬고
서로가 서로를 깊이 껴안고
숲들이 피워내는 싱그러운 풀기가
저 숲의 잎사귀와 함께 일어나
잘못 덧난 생채기를 쓸어 주는데
내 몸을 감아 가는 바람 한 점은
무엇으로 느껴 안고 품어주려나

서로 흩어져 날리는 유영游泳
무엇하나 분별하여 가리지 않고
구석구석 찾아가 흐르는 충만
먼산도 가차운듯 일어서는 눈빛들
숲들이 피워내는 성성한 풀기가
우리 사이 푸르게 일어서게 하는데
내 몸에 와서 앉은 빛살 한 줄기
무엇으로 가볍게 손잡아 보나

지난봄의 일
― 구천계곡 九川溪谷

구천폭포 바위를 굼실굼실 내려와
땅속으로 슬금슬금 숨었습니다
다시 슬쩍 얼굴을 내밀었다가
땅속으로 들어가 숨었습니다
숨었다 나타났다 다시 흐르고
물때를 용케 만난 올챙이들은
그 물에 살랑살랑 꼬리 흔들고
물때를 못 만난 올챙이들은
둔덕에서 바짝 말라 죽었습니다

구일九日 연속 줄기차게 내린 빗줄기
구천폭포 바위를 치고 내려와
바위틈 구석구석 씻어 내리며
계곡을 우렁우렁 울렸습니다
오글대던 웅덩이 올챙이들과
말라 죽은 둔덕의 올챙이까지
물길이 모든 것, 싹 쓸고 가서

올챙이는 하나도 보이지 않고
계곡 가득 맑은 물만 넘쳐 납니다

고려청자 高麗靑瓷

푸른 댓잎 결에 절로 이는 하늬바람
달 가는 가을 하늘 드나드는 묵운만리默雲萬里
울음 깬 학 한 마리가 솔가지에 깃을 편다

하늘 젖은 그 물색을 한 자락 펴고 앉아
바람도 새 기운 얻어 타오르는 소심素心이야
한 번은 흔들리라던 하늘 이제 금이 가고

영원이란 세월 저쪽 목숨 가득 잔을 놓고
몇백 년을 흘러가도 어제 바로 그대론데
참으로 경건해지는 지복至福스런 이 둘레

불암산佛巖山 목련나무

영신, 중문, 부처바위 겨울 하늘 지켜 섰다
불암산 산채 열어 새 하늘빛 눈짓하네
목련꽃 봉오리께도 이미 왔을 하늘빛.

닳으면 갈아 신는 그런 신발이듯이
오늘 이 봄 하늘도 갈아 끼운 한 철인 걸
꽃 트고 새잎 돋는 봄, 하늘 툭툭 열리네.

중계동 목련 아래 짐짓하여 서성이니
오늘도 바람처럼 일어나는 그리움
그대가 이처럼 흰 것도 순결한 백의白衣 숨결

개나리
— 금빛 성전 聖殿

다들 하늘 보고 한 빛으로 치켜든 채
큰 나팔 작은 나팔 하늘을 불고 가면
고즈넉 고개 숙인 채 발아래를 굽어보고

저만치 흐르는 길, 문득 갈래 만나면
고개 숙인 신부처럼 가다간 비켜서서
못다 한 애틋함 보여 그리움만 내비치고

대낮에 뿌려진 별빛, 만발한 저 금언 金言들
사람들 저지른 죗값 말없이 지켜 섰다
영원의 깨알로 적어낸 성전의 그 갈피들

아득한 세계를 간다

딸애가 제주도 한라산을 다녀왔다.

흙투성이의 등산복과 등산화가 있다. 빨래를 하기 위해 등산복을 살폈다. 주머니에 꺾어진 잔가지 몇 개와 부서진 나뭇잎이 손에 잡혔다. 한라산을 여기까지 담아 왔구나. 꺾어진 잔가지 몇 개와 부서진 나뭇잎을 버리려다 책상 위에 올려놓았다. 흙투성이의 등산화는 솔로 문질렀다. 현무암 조각 하나가 등산화 밑창에서 툭 하고 떨어졌다. 그것을 버리려다 책상 위에 다시 올려놓았다. 한라산을 책상 위에 다시 올려놓았다. 태양계가 천 개 모여 소천 세계, 소천 세계가 천 개 모여 중천 세계, 중천세계가 천 개 모여 대천 세계, 삼천대천세계三千大天世界도 결국 겨자씨 하나에 있고 내 한 몸 세포도 60조兆나 되는데 이 엄청난 소유주所有主의 주인이

지금은 아득한 세계를

어디쯤 가고 있을까.

소요유 시편 逍遙遊詩篇
― 활구 活口*

이곳으로 옮겨와 가는 날까지
꿈같은 시간의 번쩍 거림들
돌다리도 짚고 보면 뒤뚱거리고
으라차차 중심 잡아 몸을 세우면
좋은 일 궂은일 어디 있으랴

가다가 쉬고 싶음 산이 되어라
산이 깨어나면 따라 일어나
삶이란 무엇인가, 피안彼岸이 있어
바라밀波羅密** 그곳에 가는 날까지
멀쩡한 하늘에 구름을 모아
일시에 내려찍는 활구活句가 있다

---

* 살아 펄펄 뛰는 도승道僧의 언어/ 살아 펄펄 뛰는 시인詩人의 언어.
** 미망과 생사가 있는 세계에서 해탈과 열반이 있는 세계에 이르다.

윤회 輪廻

날마다
우리가 디딘 땅의 무게를 알자
올려다본 하늘의 빛깔을 알자
하루를 헤지게 넓어도
쉴 곳은 버려진 시간

세상 밖을 걷듯
온종일 걸어도
끝내 만날 수 없는 가슴들
밝은 대낮에도 우리는 왜
서로를 볼 수 없는 어둠 속을 가는가

한 발은 이승 깊숙이
또 한 발은
저승에 놓고

설풋한 잠결에 헛디딘

수천 길 벼랑

피 한 방울 흘리지 않고

부러진 뼛골 하나 없이

성성히 서 있다

여기는 어디야

십만 팔천 리十萬八千里

갈매기 울음소리 들리잖느냐

더 높은 파도소리

낯선 유배지流配地

밤은 몇 경更이나 되었을까

하늘을 보다가

야반삼경에 만져보는 문빗장

구곡 능선九曲稜線 천애天涯 위에 서 있다

약수암 藥水庵

산문에 들어
마음에 진 빚
갚을 수 있을까

온갖 산빛과 물빛
바람마저 떨쳐버리고
봇짐 행상처럼
무엇을 팔아 쥔 손
이제 왔는가

괜찮아 잃은 것은
곧 얻은 것일 수도
한 번 쥐고
흔들어 보게

살아온 길 굽어보고
살아갈 길 바라보면

길이란

또 손안에 드는 법法

칼칼한 세상 길목

약수암 물맛이 좋다

풍류방 風流房

그것은
바람과 취구吹口로 내는 소리가 아니다
더욱이 입술과 손끝으로 짓는 소리가 아니다

속 깊이 터지는 소리들
마디진 아픔을 건네다 보면
내 나이 어느덧 종심從心*에 이르러

어느 묏부리 등걸에 앉아
바람 스치는 소리
물소리에 젖다 보면

감았다 풀고 풀었다 감는
어머니의 물레 소리
박꽃 화안한 달밤, 다듬이 소리

* 공자孔子가 나이 일흔에 마음이 하고자 하는 대로 해도 법도를 넘어서 거나 어긋나지 않았다고 하는 데서 유래한다.

축제祝祭
— 서하瑞河 돌잔치

기쁨이 넘쳐나니 매일이 축제였다

잠을 자거나 웃거나 찡그리고 우는 모습까지 천사의 독거獨居였다 칭얼대면 젖을 물리거나 토닥이어 주거나 천사의 독주獨走는 일상이 평화였다 뭇 별들이 반짝이다가 하늘을 가르고 지상으로 내려온 꽃 한 송이, 별들이 헤어진 형제 앞에 모였다 뇌우雷雨와 풍설風雪에도 굳굳이 걸어갈 수 있게 개문開門 앞에 펼쳐놓은 잔치 한 마당

모두가 뜻을 모으고 기뻐하는 축제였다

세 시인 詩人

공초空超는 북한산 무너미 풀밭, 빨래골 터에 앉아
아득히 무애無碍의 바다를 바라보다가
뭉게뭉게 일어나는 구름을 타고

맞은편 상병이는 수락산 천상병千祥炳 골목을 서성이다가
책을 팔아 술을 사거나 술값을 만들어
딱 한 잔 술에 그만 취하여 흥이 나 있고

저 아랫녘 재삼이는 박재삼朴在森문학관 솔밭 아래에서
낮과 밤이 쉼 없이 철썩대는 바닷가 파도 소리를 듣다가
몽돌을 손에 쥐고 들었다, 놓았다 바둑을 두네

ps: 세 시인을 견지동 조계사 연기 자욱한 골방이나 인사동 골목 허름한 맥주집과 종로 한국기원 지하 다방에서 마주한 기억이 있다.

독존獨存은 침묵沈默이다
— 공초 오상순

공초空超 선생이 있는 곳은
북한산 수유동 빨래골이다
그곳 가까운 독성각에서
밤낮없이 두들기는 목탁소리가
무슨 소식인지
이제 알겠다

조계사 뒷방에 있을 때이다
선생께서 문은 열어 보이고
나를 안으로 들어오라 했다

그때 내가 무어라고 한 것 같은데
민머리를 쓰윽 문지르고는
그만 향연에만 몰두한 채
말이 없었다

헉!

나반那般! 나반! 나반이었구나
독각獨覺! 독각! 독각이었구나

일상日常의 침묵
— 방산재芳山齋

아주 한참 전
공덕동 미당未堂 선생을 찾았다
선생께서는 지필묵紙筆墨을 꺼내놓고
나비 날개 같은 글씨로
이렇게 썼다

나비 한 마리
어디론지 날아가고
햇빛만 남았다

칠순이 된 요즘
동숭동 방산芳山 선생을 찾았다
선생께서는 복분자를 한 잔 놓고
향연을 올렸다

방산재의 한나절
나비 한 마리

하늘로 날아가고
하얀 구름만 일었다

귀향歸鄉

도회都會에 나가 있다
산을 찾아가던 길
산기슭에 만개한 산벚나무들
바람에 꽃잎들이 마구 흩날려
산으로 가는 길이
꽃길이었다

강이 가차운 곳
옮겨와 보니

홍천강 굽이굽이 눈앞에 돌고
술음재 고개 너머
사는 모습들

강도
산이 있어 흐르고 있다

ps: 자연의 정서가 깃든 산중생활을 하며 시詩를 영글어내듯 군더더기
없는 삶을 살아 보려 정진精進한다.

이
명

sewblee@hanmail.net
2011년 불교신문 신춘문예 시 당선

유마행 維摩行

치자꽃 한 송이 시들어
떨어지지 않고 가지에서 메말라가고 있다

단정하게 꽃잎을 오므리고 있는 것은
생각이 깊기 때문일까

그 속에
까만 씨앗 하나 눈을 뜨고 있다는 것은
또 얼마나 신나는 일인가

분천동 본가입납 本家入納

태어나 최초로 걸었다는 산길을 돌아
푹신한 나뭇잎을 밟으며
청주 한 병 들고 능선을 밟아 내려갔니더
누님이 벌초를 해놓은 20년 묵은 산소는
어둡고 짙은 주변의 빛깔과는 달리 어찌나 밝은지
무덤이 아니었니더
봉긋하게 솟아오른 아담한 봉오리
그랬니더, 그것은 어매의 젖이었니더
진초록 적삼을 살짝 풀어 헤친 자리에 속살이
드러나고
빛이 쏟아져 나왔지요
나는 그만 아기가 되어 한참 동안 보듬고 쓰다듬고
얼굴을 파묻었을 때는 맥박 소리가 들려오고
숨이 턱 막혔었니더
내가 오는 줄 알고
미리 나뭇잎으로 길을 덮어두고
아삭아삭한 소리까지 그 속에 갈무리해 두었디더

나는 낙엽을 밟으며 산등을 넘고

어매는 그 소리에 옷고름을 풀었겠지요

적삼 속에서 영일만 바다가 아장아장 걸어 나오고

해안선이 출렁거리고

몽실몽실한 백사장이 예전과 같았니더

이 젖의 힘으로 여태껏

이름 모를 풀벌레들이 환하게 한 세상 살고 있고

하늘 가득 씨앗들이 날아오르고

파릇파릇 아기 부처들이 자라나고 있었니더

―2011년 불교신문 신춘문예 시 당선작

추사가 올라온 저녁

남포동 완당집에서 묵은지 고등어조림을 주문했다

붉은 바다에 뜬 등 푸른 섬 하나 하얀 접시에 올라왔다 그 위에 묵은지 한 줄기 걸쳐있었다 붉은 고추는 유선형으로 잘려 바다에 떠 있었다 고추 속에 웅크리고 있는 황금빛 씨앗, 불이선란不二禪蘭을 품은 듯 말이 없었다 섬 위를 가로지른 묵은지 일획이 능선을 타고 오르다 꼭대기에서 힘차게 꺾여 내렸다

두 개의 짙은 먹점 사이로 묵향이 풍겨 온다 관탈도를 지나며 의관을 벗고 제주를 바라보다 쭉 그었을 것 같은 한 획

여백을 바라보았다 깊은 숨소리가 들리는 듯했다

기사문 아쉬람

내 마음속 검은 그림자 하늘에 올라
먹구름 오락가락하더니
눈이 내린다
하늘이 버리는 거라 하얗다
내려놓고 나니 더없이 가벼운
신의 투명한 이름 창공
불타는 힌두
허공이 방하착하는 저 눈부심

동해 바다

산중턱
능선과 능선이 가지런히 흘러내려 대야가 되고
바다는 세숫물이 되었다

반야용선처럼 배가 떠 있고
새벽마다 물은 붉게 데워지는데

언제였던가,
따뜻한 세숫물 한 대야 떠 놓고 당신을 기다린 것이

민달팽이 달생達生

　땅끝마을
　어린 민달팽이 한 마리 시멘트 포장된 해변을
기어가고 있다
　오체투지로 조캉사원을 향해 가는 순례자처럼
나아간다

　바랑도 없는 몸으로
　회색 바닥을 하염없이 기어가는 무욕의 행적
　그림자도 맑다

　시작도 끝도 보이지 않는 저 흐름을 무심히 따라가
본다

　세속을 버리면 바쁜 일이 없어지고
　바쁜 일이 없어지면 마음이 편안해진다는데

　편안한 것이 길이라면

체액이 남겨두고 가는 흐릿한 선, 저것이 길이다

저 느림이 나에게
조캉사원으로 가는 길 하나를 가르쳐주며 가고 있다

묵언, 아기 진딧물

극락전 옆 개울가 바위에 앉아 있는데
팔에 무언가 툭툭 떨어진다
연둣빛 투명한 점들 자세히 보니
막 세상에 나온 진딧물 새끼들이다
가문비나무 여린 잎에 붙은 어미가
새끼들을 분만 중이다
내 팔뚝에 떨어진 새끼들은 아무 생각이 없어 보인다
팔을 흔들어도 입김을 세게 불어도 그냥 기어오른다
내 팔뚝이 제 길인 줄 아는 모양이다
선가귀감에는 생각이 없는 것을 해탈이라 했는데
저 천연덕스러운 걸음걸이
극락전 아미타 부처를 기웃거리던
어미의 경지가 그러했는지
앞마당에 빽빽이 들어선 등불을 향하고 있다
아미타 부처의 미소를
한참 동안 바라보며 생각을 놓고 있던 내가
막 태어난 진딧물 새끼에게서 한 수 배우고 있다

장난기 어린 부처님이 흔들어대는 팔뚝 위를
무작정 가고 있는 것은 아닌지
몸으로 기어 올라오는 갓 난 진딧물을
한동안 그대로 두었다

죽도암

눈 덮인 5층 탑 하나
붉게 타는 우람한 단풍나무 한 그루
활짝 핀 붉은 장미 아홉 송이
합장하고 있는 캐리커처 손 하나

유복자라 했다
고산의 여신 꽃이 좋아 올라왔다고 했다

낙엽 지고 국화도 말라가는 산중
파도 몰아치고 바람 쓸쓸한
고라니 울던 날이었다

다기 일가

단단하게 가부좌 튼 미타의 몸

길쭉한 주둥이
주전자 속은 사막 같아서
빈 사막 같아서

슬하를 내려다보며 길게 목을 늘어뜨린
저 허공 입에서 무슨 말이 쏟아질까

아미타, 아미타 불러보는 불두화 일가
눈빛 빛나다

마찬가지

캄캄한 밤 기사문 선장들은 신이다
별의 이름을 갖는다
가깝고 먼 바다에 별 하나씩 띄워두고
통발을 걷고 그물을 걷는다
수면은 경계가 되고
경계 위로 별빛 따라 줄줄이 올라오는 몸들
제석천의 그물에 걸려 우리는 경계를 넘어서고
보이는 그물이나 보이지 않는 그물이나
희미한 별빛 아래 펼쳐져 있다는 것은 마찬가지
신들이 있고 반야용선이 있다는 것은 마찬가지
아침마다 기사문 부두는 수미산이 되고
깍두기 머리를 한 신이나
파마머리를 한 여신이나
한 섹터를 관장하기는 마찬가지
분주하게 드나드는 자망 통발 정치망 배들
운명을 다한 영혼들을 안내하는데
모든 길은 하늘로 열려 있어

밤하늘의 별이나 바다의 별이나
멀고 그립고 아름답고 아득하기는 마찬가지
별밤을 기다린다

석잠풀

간밤에 장미가 피어난 것처럼 환희였다가
방파제를 넘는 파도였다가
코스모스를 좋아할 때는 청초함이었다가

뱀을 무서워하는 당신,
떨어진 꽃잎처럼 지고 있나요

저무는 사랑은 두렵지 않나요
이별은 또 어떤가요

숨겨진 우주

산중으로 날아온 초음파 흑백 사진 속
하얀 점 하나
보는 순간 해일이 밀려왔다

이 세상 가장 깊은 곳

달려가서 부딪쳐 하얗게 부서질 수 있는
별 하나 숨 쉬고 있다는 것이 얼마나 눈부신 일인가

그것이 점 하나라니

우주의 수레바퀴를 돌리는 그 바다가 저
바다였을지도 몰라
애당초 나도 그 물결 속
하나의 점이었다는 것을 생각해 보면

배를 기다리며

한 척의 배가 부두를 향해 들어옵니다
어디에서 오는지는 모르는
들어오는 배를 맞으러 부두에 나섭니다
나도 한때 배가 되어
막막한 우주의 바다에서 노를 저어왔습니다
작은 항구에 닻을 내리고
거침없이 달렸던 시절을 생각하며 배를 기다립니다
약간은 지치고 피곤한 모습일 겁니다만
부두로 들어오는 배를 맞는다는 것이 즐겁습니다
예정일은 지났고 계절은 엄동설한입니다만
꿈이라는 이름을 가진
희망이라는 깃발이
오늘따라 유난히 힘차게 펄럭입니다
생각해 보세요
미지의 우주를 만난다는 것이 얼마나 신비로운
일인지
가슴이 벅차오릅니다

내가 본 울어

위판장 큰손인 아랫마을 횟집 주인이
경매받은 고기를 한 차 가득 수조에 풀어 놓는다
유복자로 태어나
성이 다른 동생들과 함께
꽃이 눈물이었고
눈물이 꽃이었던 시절이 있었는데
고기들이 울컥, 쏟아져 들어간다
새 세상을 만난 고기들은 활발하다
가슴에도 바다가 있어
그들을 데리고 집으로 돌아가는 길
마을은 오래된 산호처럼 뼈대만 남아 있고
인적 드문 골목 끝자락
유리벽의 집
꽃들이 좋아라, 손을 흔든다
수조 속에서
형형색색 고기들과 함께 유유히 헤엄치고 있는
봉정암 같은

울어를 보신 적 있는지
기사문에 울어가 산다

숙명

무스탕 왕국에서는 전통에 따라
둘째 아들은 의무적으로 불가에 출가시킨다
첫째와 셋째는 승려가 되고 싶어도 될 수가 없는
무스탕 왕국에 태어났다면
나는 숙명처럼 승려인데
그래도 시를 쓰는 승려이지 싶다

고욤

달이
지구 주위를 돌다가 허물어져 반쪽이 되고
끝내는 폭 삭아
삭아서 캄캄 어둠이 되고 마는

네 주위를 맴돌다
시커멓게 타 버린 날이 내게도 있었다

궁구당 산조

더러는 가끔씩
밤늦도록 내 이름자를 생각해 봅니다
외자 이름에 한 글자씩 덧붙여보는 놀이에 빠져드는 재미,
나는 그 재미를 즐깁니다

내가 물건이라면 명물이고
바다를 건너온 물품이라면 명품이고
박자와 음정은 아랑곳없이 노래를 부르면 명창이 됩니다
작품을 만든다면 명곡이고 명작이 되겠지요

어린 시절 내 노트 이름자 뒤에
하루는 희 자를, 어떤 날은 자 자를, 또 다른 날에는 숙 자를
나 몰래 적어 놓고 희희낙락하던
개구쟁이 친구들을 생각하며 웃어도 봅니다

늘 이부나 삼부쯤 모자라는 삶을 살아오기는
했지만요
　무엇으로든 채울 수 있는
　공백이 있다는 것이 즐겁기도 했지만요

　딱 부러진 뭣 무엇 하나
　그래요 늘 그런 꿈을 꾸었지요
　꽉 찬 무엇이 그래도 빈 것보단 낫다는 생각을
했었지요
　이름자같이 살 수만 있다면야 더 바랄 것이
없겠습니다만

　빈 곳을 알라 하고
　빈 것을 채우며 살라고
　채워도 채울 수 없다는 것을 알려주려고
　아버지는 내게 그런 이름을 지어 주셨습니다

감전

잔설 남은 산기슭에
내가 생강나무 꽃으로 피고 있을 때

꽃그늘로 들어온 것이
그냥 지나가는 한 마리 사슴인 줄 알았는데

그게, 그대일 줄이야

기사문 엽서

더 이상 도시에서는 할 일이 없었습니다

시멘트 벽에는 틈이 생기기 시작했고 그 틈으로
물결이 밀려들어 왔습니다
지붕은 우주로 통해 있었습니다

금이 간 창문이
던스턴 바실리카 스테인드글라스처럼
황홀했습니다만

방바닥은 백사장이 되고
밤마다 파도를 덮고 자는 습관이 버릇처럼
생겨났습니다
병이 깊어 기침마저도 밖으로 솟구치지 않았습니다

그러나 도시에서
당신을 만난 것은 가장 큰 행운이었습니다

다음에 오실 때는 배를 타고 오십시오
생각만큼이나 수심도 깊어 북명의 바다처럼 검을 것입니다

험한 길을 헤치며 오다 보면
당신도 곧,
나보다 더 깊은 바다가 될까 염려됩니다만
오기 전에 문자 한 통 넣어 주십시오

이곳도
사람 사는 데라는 것을 소상히 알려 드리겠습니다

텃골에 와서

처마 밑에 장작이 가지런히 쌓여있는 집은
보기만 해도 따뜻하다

불을 품고
바람벽에 기대
순서를 기다리고 있는 나무들은 또 얼마나 선한가

버려져 있는 나무보다 선택되었다는 마음에
안도하듯
틈새에서는 아지랑이가 피어오른다

장작은 서까래까지 닿아 있고
영혼은 자유로운데
언제부터 나무들은 제 몸을 태울 생각을 했을까

옹기종기 모여 앉아
몸속에 남아 있는 한 톨의 습기마저 돌려드리며

세월을 둥글게 말아가고 있다

나는 늘 쓰임새 있기를 기대했으나
여름이 가고
또 가을이 가고
선택되기 위해 몸부림쳤던 날들도 다 보내고
한계령 너머 계절의 끝자락에 와 있다

사람들은 왜 거기까지 갔느냐고 말을 하지만
뜨거운 것이 사랑이라면
부풀어 오르는 것은 그리움이라 해야 하나

처마 아래 장작 곁에서
고요히 부풀고 있는 한 독의 술
이제, 더 이상 말은 필요 없을 것 같다

발화를 기다린다

.

마늘

작년에 수확해 창고에 널어놓은 마늘을 깝니다
수북이 쌓여있는 마늘을 보며
처음에는 엄두가 나지 않았습니다만
신문지 깔아 두고 흙 묻은 껍질을 수도하듯 벗깁니다
산중 외딴집 거실에 홀로 쪼그리고 앉아 마늘을 깐다는 것이
당신은 청승맞다 생각하시겠지만
껍질을 까며 나도 누더기처럼 펄럭이는 껍질을 벗습니다
얼마나 벗어야 알맹이가 나올지
고라니는 울고 밖은 너무나 캄캄해서
내 껍질의 두께는 가늠조차 할 수 없습니다
삶은 내 몸의 껍질을 조금씩 벗겨가는 일이라는 것을
이제는 알 것만 같은 밤입니다
언젠가 늦게 들어오던 날 밤 거실에서
홀로 마늘을 까고 있던 아내의 모습이 기억납니다
어느덧 손목에 힘이 빠져

이젠 더 이상 벗어버릴 껍질조차 없는 아내는
주말이면 오고
　　그때마다 나는 읍내로 마중을 나갑니다
　　창밖에서 소리 없이 별은 빛나고 어둠은 깊어지고
　　이 어둠도 벗기다 보면 언젠가는 밝아지겠지요
　　별을 헤듯 쌓여있는 마늘을 까며 나도 껍질을
벗습니다

갈치

집어등 불빛 따라 밤이면 바다에 솟아올라
꼿꼿이 서 있는 은백색 나무숲을 아시는지요

불빛이 쏟아져 내려와 푸른 배경이 되는
여기는 태고의 원시림
자작나무 숲에 바람이 머물 듯 숲은 고요합니다
집어등 불빛이 별빛 같습니다

꼿꼿이 서서 목마르게 쳐다보는 곳에 경계가 있습니다
 빛이 굴절되는 곳
 내 시선이 다하는 경계에서도 밤마다 별이 떠오릅니다
 집어등 불빛 나라, 아득한 별나라

 사라진 것은 모두 자작나무 숲으로 간다는데
 그 숲속에 영혼이 산다는데

혹시, 누군가가 몹시 그리워 숲이 된 것은 아닐까요
몸은 은빛으로 부르트고 지느러미가 파르르
떨립니다

숲속에서 희미하게 소리가 들리는 것은
또한, 누군가의 영혼을 달래기 위한
바다의 통소 소리는 아닐는지요
어둠의 끝도 어둠이어서 어둠이 짙어질수록
숲은 더욱 하얗게 빛납니다

초병 哨兵에게

고통 없이 자라는 나무가 어디 있겠느냐
인내해야 한다는 것은 힘든 일
삶이란 슬픔의 연속이라서 바다도 멍들어 검고
하늘도 푸른 것이다
외롭지 않은 나무가 어디 있겠느냐
지켜내야 한다는 것은 어려운 일
햇살도 문틈을 비집고 들어와 아랫목에 자리 잡고
바람이 문풍지를 흔드는 것이다
날이 계속 맑으면 땅은 사막이 된다는데
좋은 날만 있다는 것이 좋은 것만은 아니지 않느냐
청춘아
인내를 배우기 위해
나무도 이 무더위에 푸른 옷을 겹겹이 걸치고
혹한에는 옷을 벗는 것이다
저 굴곡의 벌판에
홀로 말없이 서 있는 것이다
어떤 구차함도 필요 없는 것이다

앵무새 학당

1. 유위有爲

나는 한 번도 앵무새 울음소리를 들어 본 적이 없다

앵무새가 울음 우는 것을 보지 못했다

앵무새의 울음소리를 들어 보기 위해 버드랜드를 찾았다

앵무새를 길들인다는 버드랜드에서

앵무새가 울기를 기다렸다

버드랜드 철창 안에는 앵무새들이 모여 있었다

앵무새는 울지 않았다 내가 다가가자

앵무새들은 저마다 구슬을 입에 물고 우르르 몰려들었다

인사성 밝은 새 한 마리가 먼저 나섰다

"안녕하세요?"

보려고 해도 보이지 않으므로

이름하여 빛깔이 없는 것이라 했기에

내가 멀뚱멀뚱 바라보자 구석에 있던 한 놈이

"니 밥 문나?"

들으려 해도 들리지 않으므로

그것은 이름하여 소리가 없는 것이라 했다

이제 너희들도 사람 흉내를 내는구나

울음을 가르치지 않는 그곳에서 한참 동안 기다려 보았다

내 얼굴에서 어떤 슬픔을 읽어냈는지

눈치 빠르게 한 녀석 재빨리 한 마디 내뱉는다

"내 너 사랑해!"

2. 무위無爲

커다란 앵무새 한 마리가 성큼성큼 내게로 다가왔다

입을 반쯤 벌렸지만 내가 보기에 그것은

울음을 울기 위한 동작은 아니었다

가끔 꾸룩꾸룩 소리가 들려왔다

무언가를 되삼키는 듯한,

목젖이 출렁이고 있었다

분출하려는 무엇을

억누르고 있었다

그러고 보니

한 번도 소리 내어

울어본 적이 없는 나로서는

앵무새 울음소리를 알아들을 수 있는 귀가 없었다

끈질기게 들여다보고 있는 나를 향해

앵무새가 느닷없이 한 마디 내뱉는다

"어이, 아재 너 참 못 생겼다"

잡으려 해도 잡히지 않으므로

그것은 이름하여 형태가 없는 것이라 했던가

또렷하게 순식간에 들려온 그것이 울음인지

나는 더 이상 상관하지 않기로 했다

유자효
서울대학교 사범대학 불어과 졸업
1968년 대한불교신문(불교신문 전신) 신춘문예 시조 당선
1968년 신아일보 신춘문예 시 입선
1972년《시조문학》시조 추천 완료
시집『성 수요일의 저녁』『짧은 사랑』『떠남』『내 영혼은』『지금은 슬퍼할 때』『데이트』『금지된 장난』『아쉬움에 대하여』『성자가 된 개』『아직』『신라행』등 시선집『성스러운 뼈』『아버지의 힘』등 산문집『피보 씨는 지금 독서 중입니다』『라라의 투쟁』『세상의 다른 이름』『다시 볼 수 없어 더욱 그립다』등 현대시조문학상, 후광문학상, 편운문학상, 정지용문학상, 김삿갓문학상 수상 계간《시와 시학》주간 지냄
1974년부터 32년 동안 KBS, SBS에서 일했으며, 한국기자클럽 회장 지냄
현재 지용회 회장, 구상기념사업회 회장, 한국시인협회 회장

조철규
동국대학교 예술대학 미술학부 졸업
1978년《한국문학》수필 발표
1980년 대한불교신문(불교신문 전신) 신춘문예 시조 당선
1981년《시조문학》시조 추천 완료
1983년《시와 의식》시 신인상,《아동문예》아동문학 신인상
시집『시간이 흐르는 소리』『가난한 행복』창작 동화집『산골 촌닭과 서울 까치들』경전 동화집『어머니 태어나기 전의 난 누구여요』『아빠 손 엄마 품』전기『어린이를 닮은 큰스님』『바다를 닮은 대통령』『세계 평화의 지도자』꿈나무독서문화센터 대표, 계간《계절 산행》편집인 지냄 현재 공동체 참나 마을 대표, 시 전문지《산중 시》주간, 산중 문학관 술음재 창작촌 촌장

이명
영남대학교 경영학과 졸업, 서울대 경영대학 고급 금융 과정 수료
2010년《문학과 창작》신인상 당선
2011년 불교신문 신춘문예 시 당선
시집『분천동 본가입납』『앵무새 학당』『벌레문법』『벽암과 놀다』『텃골에 와서』『기사문을 아시는지』등 시선집『박호순미장원』숲속의 시인상, 목포문학상 수상

시율시선집 1

우주의 시간

유자효 조철규 이명 시집

펴낸날 – 1판 1쇄 2022년 3월 18일
지은이 – 유자효 조철규 이명
펴낸이 – 오시안
펴낸곳 – 시율
출판등록 – 2019년 5월 1일 제2022-000010호

전화 – 편집 (053) 252-5035
팩스 – 편집 (053) 252-5036
전자우편 – nun@ynu.ac.kr
41955 대구광역시 중구 대봉로43길 21, 더샵리비테르 1차 106동 1403호

값 15,000원

ISBN 979-11-974286-1-6(03800)
ⓒ 유자효 조철규 이명 2022

이 책의 저작권과 판권은 시율에 있습니다.
저작권법에 의하여 보호를 받는 저작물이므로 무단 전재와 복제를 금합니다.

www.siyul.kr